人生比你想的短

該愛的愛，該恨的也不用假裝原諒。
70 個快意無憾的生活指南

千田琢哉 Takuya Senda

林潔珏——譯

君が思うより人生は短い

序

「那時候真的很喜歡妳……」是一種無法弭平的遺憾

「哎」妳輕輕地嘆氣，伴隨著我疑惑的目光，重重地又劃下一筆，「一千。這已經是你第一千次說要當作家了。」

而我看著填滿頁面的正字記號只想著，啊，真美、真好看。

「夢想啊，能說出口一千次，一定會實現的吧。」

雖然不知道妳開心的原因，但妳的開心我也很開心。

妳接著往下說。

「有件事想請你幫忙。」

不需要先知道是什麼事情，也不需要理由，我一口答應。

「把我們悄悄地放進去，放進你的書裡。」
祕密的囑託那麼輕而易舉。
卻是妳最後留下的話語。

在那之後我又和妳一起度過了四分之一個世紀。
承妳吉言，很幸運地，我出書了。
雖然過程有點起伏曲折，但有妳陪著的我一直、一直寫著，沒有停止。
我的每一本書，都有妳的身影與氣息。
對了，尼采的《查拉圖斯特拉》是妳還在醫學部讀書時，最喜歡看的書。
後來，妳將它給了我。
直到現在，我都還依然十分珍惜。
說起「超人」啊，當時聊起這個話題，我自信滿滿地對聰明的妳胡扯起來，我以前看過的漫畫《金肉人》裡就出現很多「超人」。
我記得，那是我們第一次交談。

《查拉圖斯特拉》的尾聲寫著「偉大的正午」這句話。而在妳給我的那一本上，這個句子用橘子色的紙捲蠟筆用力畫了好幾圈。

人生很短。

而且，出乎意料的短。

在一百三十八億年的宇宙歷史中，人類的一生只是稍縱即逝的一個轉瞬。

不管有多少偉大成就，不管有多少金銀財寶，人類都是不停重複地歷經榮枯盛衰、生老病死。

人類啊，不是在聽到「你得了癌症」「大概剩下三個月」這樣的宣告之後，才開始面對「人會死亡」的事實；而是現在就要認清「下一秒也許就會死」的事實活下去。

死亡不是別人的課題啊，也是我自己的。

本來嘛，就沒有人保證我們一定可以活著醒來看明天的太陽。

不論是你、我，還是別人，都是一樣的。

我能為妳做的事情只有——

為了不要帶著遺憾地說，「當時真的很喜歡妳……」一定要好好地活在當下。

而且要好好的，活到最後一刻。

如此，就能品味出尼采提倡的「偉大的正午」吧。

不是用腦袋去理解，「偉大的正午」得用身體實際感受。

活在當下，用全身的細胞直接體會。

希望這本書能成為，每個人拂去世間舊習，相信直覺地活著並享受當下的一個契機。

因為，這一定就是人們來到這個世界的目的。

二〇二三年二月吉日

於南青山的書齋 千田琢哉

目錄

Part2

如果一個月後，你的人生就結束了。

Part3

如果一個星期後，你的人生就結束了。

Part4

如果一天後，你的人生就結束了。

Part5

如果一小時後，你的人生就結束了。

Part6

如果一分鐘後，你的人生就結束了。

Part7

如果一秒後，你的人生就結束了。

Part.1

如果一年後，你的人生就結束了。

01

此時此刻——「你只剩下一年的時間」

二十世紀，德國哲學家馬丁・海德格（Martin Heidegger）說：向死而生。

意思是，人只有在快完蛋、逼近死亡的時候，才能真正體會什麼叫做「活著」、什麼叫做「生存」。

確實是如此。

不直面死亡的人，都覺得人生是無限的。所以老是湊在一起，講一些沒有重點、言不及義的話，老是抱怨，說別人的壞話、傳一些閒話。說起來，就像是邊大口聞臭水溝的味道，邊笑著把壽命丟在臭水溝裡一樣。

還有那些，看見黑影就開槍的起鬨觀眾，更是卑劣。

現今流行的SNS不就是如此，換一個說法就是「現代版的鄉村社會。」

想必你身邊這樣的人，只會多，不會少吧。

話說回來，你又是哪一種呢？

如果此時此刻，有人突然告訴你，「嘿，你只剩下一年可以活囉。」

你會選擇一個醜陋、無趣還卑鄙的人生嗎？

一定不會吧。

如果從一開始就抱持著「明年就會死掉」的想法生活，那麼你會把每一天都過得豐富多彩。

生命只剩下一年的人，不會渾渾噩噩的活著。

因為他們用感謝點燃細胞，全力以赴活在每一個瞬間。

接受自己會死並不需要唉聲嘆氣，這其實是一件非常美妙的事。

人隨時都可能死掉，
哪來那麼多時間浪費？

02

反正剩下一年，就盡情享受愛克曼的《歌德談話錄》

到現在還是很多人請我推薦書籍。

保守估計的話，應該有一千人吧？還是更多？

不過因為每個人學力、教養、性格和興趣都不一樣，我都是隨興帶過。

我沒有反省，也不覺得我這麼做有何不妥。

其他人的智慧結晶，不能免費也不應該被輕易對待。

不過，我真的有一本推薦的書，約翰・彼得・愛克曼（Johann Peter Eckermann）的《歌德談話錄》（*Gespräche mit Goethe*）

要我形容這本書——精采絕倫。

這不是誇飾。人生當中，曾讀過這本書跟不曾讀過這本書的人差異鮮明，一下就能知道。

於此，跟大家分享一個常駐在我腦海的議題：「死」。

「像我這種過了八十歲的人幾乎沒有活下去的資格。因為每天都必須覺悟死亡

這件事。」——（一八三一年五月十五日星期天）

怎麼樣？

我在大學時期與這句話相遇，雖然不是很清楚背後含意，但是起雞皮疙瘩的感覺依然鮮明。

我想，直覺是不需要理由的。

我發誓在我要反覆咀嚼到眼睛閉上的那一刻。

03

如果只剩下一年，就好好說「謝謝」

我想每個人都有一個、兩個這樣的對象吧？

想起他的時候，腦海總是會浮現——

「感覺這樣沒辦法表達我的感激……」

「受到這麼多照顧，卻沒當面好好道謝過……」

中國思想家孔子提倡「仁」和「禮」的重要。

「仁」是關懷體貼，「禮」是用好的態度表現關懷體貼。沒有哪個比較重要，因為同樣重要。

二者合而為一，不能顧此失彼。

如果你只剩下一年，抓緊時間向那些人好好傳達自己的感謝，應該能辦到吧？

不過沒有必要太逞強。

幾個人，最多十幾個人就可以了。

一邊想著只剩一年，一邊好好傳達感謝之意，感受到的幸福是無法用言語文字形容的。雖然實際上生命還有一段時間，但如果抱持這種心情，人生會完全改變。光速般地開始好轉。

每當我察覺到「最近運氣不怎麼樣」的時候，就會寫感謝明信片，寄給我想感謝的人。

不過——我會經常能夠保持好運，應該也與我一直在寫這樣的明信片有關吧。

向對自己好的人道謝，是一件痛快的事。

04

如果只剩下一年，就好好說「對不起」

我想每個人都有一個、兩個這樣的對象吧？

想起他的時候，腦海總是會浮現——

「感覺這樣沒辦法表達我的抱歉……」

「造成一大堆困擾，卻沒當面好好道歉……」

如果你只剩下一年，向那些人好好傳達自己的歉意，應該可以辦到吧？

不過沒有必要太逞強。

幾個人，最多十幾個人就可以了。

一邊想著只剩一年，一邊好好傳遞歉意，如釋重負的痛快無法用言語文字形容。雖然實際上生命還有一段時間，但如果抱持這種心情，人生會完全改變。光速般地開始好轉。

當然也不需要多愁善感，對那些沒有「道歉價值」的人道歉。

因為這種類型的人在這個世間是真實存在的。

在《那年夏天，我、洋子還有老爸》這部電影裡，竹內結子飾演的外遇對象有一句台詞是這樣的：

「要是對方沒打算要原諒，那道歉也沒用啊。」

就實際層面上來說——這句話完全可以說超越善惡，非常實際。

但要這樣說其實是不對的、也是不好的。

自然而然之後該怎麼樣就怎麼樣，應該要這樣說吧。

意識到生命有限時，

曾經做錯的事會瞬間佔據思緒。

05

無論如何都無法原諒的對象，
好好規劃怎麼對TOP 3報仇

請大家做好心理準備後再往下讀。

因為從現在開始，我將要分享非常驚悚的想法，一定請做好心理準備。

我呢，喜歡完美犯罪的事件。

跟喜歡薄荷巧克力不一樣，這裡談到的「喜歡」說的是有高度興趣的意思。兇手與被害人之間的愛恨情仇於我沒有興趣，從不同角度研究（像是數學上、理論上、構造上）如何實現更吸引我的目光。

這類型的小說或紀實有一定數量的愛好者。因此我猜想，多數人的內心深處或多或少都有共鳴一些「什麼」。

你應該也有幾個無論如何都無法原諒的對象吧。

我也有。

這樣的話該怎麼辦？

首先，原諒自己。

原諒無論如何都沒辦法原諒的自己。

接著，在明年就要上天堂的前提下，對「名單的TOP 3」策畫完美犯罪的復仇計畫。

光是策畫，就覺得爽快。如果真的得償所願，豈不是太美妙了。

我認為完美犯罪是超越人類的道理和善惡、接近神的一種證明。

因為在人生當中也有很多警察和法官無法理解的事情和選擇。

無法原諒的時候，
假裝放下就是在對自己說謊。

06

好好去研究那些自己想要研究的主題

一年的時間可以學習很多東西。

事實上，在我這個年代，有一些罹患重病的年輕病人確認自己被大學錄取後沒多久就過世了（完全是電視才會有的劇情）

當時的我雖然有疑問，認為反正都要死了，為什麼還要勤奮向學？但是正因為快要死了才更加需要學習。

這和德國的哲學家弗里德里希・威廉・尼采（Friedrich Wilhelm Nietzsche）提倡的「權力意志」不謀而合。

人們有「想變得更強！」「想變得更聰明！」的本能，遵循這些湧現的本能活下去，會變得更有力量、可以活得更有尊嚴。

這和尼采的超人思想也有很深的關聯。

這麼說來，《金肉人》的超人們與尼采的超人說不定也存在某種程度的關連。

人類與生俱來的「權力意志」並不侷限於學習或是肌肉訓練，不論是遊戲還是搞笑、音樂，學習的對象什麼都適用。

重要的是，在人生舞台上痛快展現在你心底翻騰的生命力。

如果找不到特別的，那選擇學習你更想知道的事。

不是為了合格，而是為了充分燃燒生命。

笨死了，

跟聰明死了，

還是有差。

07

就算只剩下一年，也不要暴飲暴食

如果被宣告「罹癌」「只剩一年」，也有人會自暴自棄。

雖然說起來有點殘忍，但這其實是「一開始對死亡就沒有覺悟」的報應。

我在大學時代就有不得不接受死亡的經驗，這件事對我的處世態度產生莫大的影響。

「人生的終點是死亡」這是一個理所當然會發生的事，與年紀無關，時間到了就是會發生。有些人腦袋與認知都認同這件事，但內心深處卻無法接受、頻頻掙扎。這種類型的人，一旦碰到突發的狀況就會不知所措、心煩意亂。

希望大家能敞開心胸坦然地思考這件事。

即使不是癌症，人依舊會死。

原因或許是其他疾病，或許是意外的事故，也有可能是自然衰老，就「死亡」這點來說大家都一樣。

暴飲暴食固然對健康不好，但根本的原因是自暴自棄的生活方式，只是看似活著但心早就已經死了，只是一具會吃、會喝、會呼吸的屍體。

假如「還剩下一年生命」，實際上可以做很多事。如果這麼想，不僅可以戀愛，或許還能碰到克服恐懼的機會。

誰都不想靠近暴飲暴食的人，這是自然的法則。因為唯有健康且過著健全生活的人，人們才會想提供支援。

都要死了，
不能把時間都花在吃
一堆亂七八糟的東西上吧？

08

即使只剩一年，每天也都要睡得好

正因為「只剩下一年了」，健康生活非常重要。

健康的泉源是每天的睡眠。

更正確的說法是：每天好好睡覺。

良好的睡眠品質不僅能充實精神，也可以提高使免疫力。

若想引發奇蹟，唯有每天好好睡覺。

如果無法好好睡覺，就算接受名醫治療、就算用最新的藥物，任何疾病不可能康復。

為什麼罹患重病、受重傷必須住院？那是因為睡眠就是最好的修復。其他理由雖然重要，但遠不及充足的睡眠。

我想在你的周圍，也開始有二十幾歲或三十幾歲突然死去的親友吧？

「睡眠不足」對這些人的身體健康造成非常大的影響。

睡眠不足不僅會持續破壞身體，還會破壞精神，並降低免疫力。如果你的人生正陷入負面旋渦，若想要逃脫的話，就不要囉唆了，現在立刻閉上眼，睡吧。

即使是轉校、換工作，好好睡覺還是最優先的事，即使請假幾天也非常值得。跟大家說個秘密，我以前在公司上班的時候，常常翹班到秘密基地睡覺。如果能坐時光機見到當時的自己，我一定會誇獎自己「幹得好！」

睡不著，是比死更可怕的事。所以我們貓都睡很久。

09

即使只剩下一年，也要盡可能維持優美的體態

我並不是要你變得像好萊塢的明星或模特兒那樣。術業有專攻，專業的事情交給專業人士處理就好。對你而言，我想說的是：如果不努力養成保持身體健康的習慣，那便是對賜予你健康軀體的神與你自身的冒瀆。

國內外的專家使用科學數據佐證人類的肌量和剩餘壽命成比例。不只是肌量，科學亦證實相較與蛋白質攝取較少的患者，攝取較多蛋白質的癌症患者能活得比較長。

癌症以外的疾病也一樣。

安東尼奧豬木即使在臨終時，依然讓我們看到他強韌的生命力。看到他到那個年紀仍維持得那麼好，可知他的求生意志多麼堅定。

如果你也被宣告「只剩一年壽命」，那請把維持身體健康優雅作為一大目標，並努力達成吧。

不是激烈的運動也行，輕鬆的肌力訓練、伸展或步行都可以，把適合自己身體的運動當作每日課題，並注意富含蛋白質的均衡飲食。

假使沒有發奇蹟，以美麗優雅的身體回歸自然界也是禮貌吧。

維持優雅的體態這件事，是基本的自然法則。

不是說快要死了，
就可以太放鬆耶。

10

如果只剩下一年，
就優雅地寫長篇小說

如果「只剩一年生命」，那麼要不要試試看寫小說？

我這個提議目的不在於獲取金錢利益（版稅）或是名聲（獎項）。

當然，如果想認真朝這個目標前進也很不錯，不過我想建議的是更自由、更悠然自得的去寫故事。

回顧過去的人生，戀愛中甜蜜與失去，事業中成功與失敗，令人沉醉的快感，夜深不為人知的辛酸，這些記憶都會甦醒，如同拍打在沙灘上的海浪，一波一波持續不止。

「每個人都有撰寫一部小說的素材。」這是出版業界流傳的一句話。

我深感認同。

雖說如此，許多人不知寫什麼才好、不知究竟如何下筆才對。為了這些躊躇，在如何寫小說的領域裡有一本世紀最棒的名著，我衷心推薦。

那就是森澤明夫所寫的《專業小說家才知道的寫小說方法》。

書中不但有豐富的具體實例，森澤先生並不吝嗇地分享淺顯易懂、難以超越的精華觀點。

順道一提——我和這本書的作者並不相識，這也不是工商合作關係。只是純粹覺得這本書非常棒，想推薦給大家才推薦的。

為了不要因為「只剩下一年的時間」驚慌受怕，從現在開始就要抱著「只剩下一年生命」的心態而活。

貓生可是有很多東西可以寫。從罐罐到罐罐，再到罐罐。

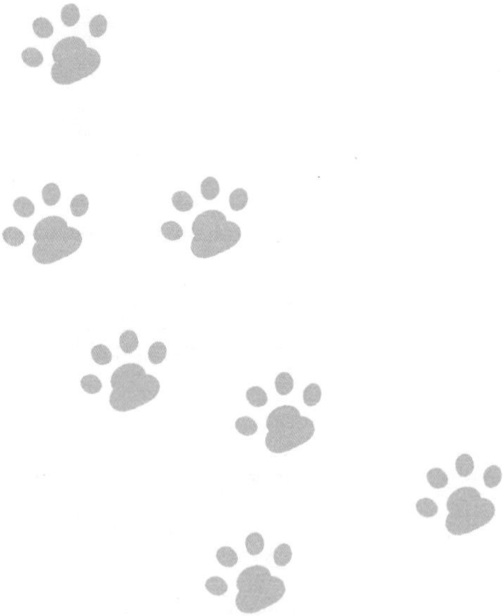

Part.2

如果一個月後，你的人生就結束了。

11

24小時×30天＝720小時，
真是比想像中長呢

「你下個月會死。」

如果有人突然向你說這句話，你做何感想？

應該很多人會感到絕望吧。

但是絕望並不能改變只剩下一個月的事實。

如果絕望能延長剩餘壽命，那我支持絕望，越絕望越好！但絕望實際上反而會縮短時間。

話說，一個月是幾小時啊？

如果把二十四小時乘以一個月三十天，那就是七百二十個小時。

其實一個小時就蠻長的，如果還有七百二十個一小時，是件很幸福的事吧。

冷靜想想，不論是誰，只要心臟還在跳，都會在某個時間點迎來「生命倒數一個月」這件事。

有的人是在二十幾歲或三十幾歲，有人是在四十幾歲或五十幾歲，另外也有人是八十幾歲甚至到九十幾歲，只是時間早晚而已。

假設你在九十幾歲迎來這個時刻，朋友大概也凋零得差不多了。

「大家幾十年前都已經……」或許你會被這種寂寥感圍繞。

所謂長壽，終究不過是死亡的延遲。

如果生命只剩一個月的話，應該感謝還能享受七二〇次一小時的奇蹟吧？

把時間花在絕望上，
更讓人絕望。

12

不是整頓，是要整理

日文裡有句話叫「整理整頓」。
「整理」和「整頓」有什麼不一樣呢？
所謂的「整理」是丟棄。
所謂的「整頓」是排得整整齊齊。
如果生命只剩一個月，就沒有整頓的必要。
因為只要徹底整理，沒有整頓的必要。

真正需要的東西才有被留下的價值，其他都丟了吧。
享受丟東西的樂趣即可。

外遇對象的聯絡方式不要藏了，趕快去刪掉！
購物帳號申請刪除了沒？購買紀錄或許哪一天會被發現。
在單身女性去世的房間裡，發現複數的成人玩具也是時有耳聞。
如果沒有好好處理一定會後悔。寫進清單裡，一項一項好好確認後再劃掉。

我的東西很少。
因為我平時就以「我下個月會死」的意識整理身邊的細節。
如果能夠徹底整理，就不需要整頓。
如果需要整頓的話，就表示整理還不夠。
多不一定就是好，也不一定就是美。
插花只插一朵最美麗。

D槽清乾淨了嗎？
再檢查一次吧？

13

如果只剩下一個月，那就確保孤獨的時間

如果生命只剩一個月，應該有人會想見見親朋好友——我覺得，這是很自私醜陋的想法。

因為你認為是親友的人們有屬於他們自己的人生。

一次還好，如果想要見很多次，難免會讓人不耐，甚至嫌棄「夠了吧」，反而留下遺憾。

正因為生命只剩一個月，所以要確保孤獨的時間。

也就是接受「一個人獨自死去」的事實。

事已至此，不能有被大家惋惜而死去的貪婪想法。

其實沒有人是真心被惋惜而死去的。

一聽到偉人們的訃聞，競爭對手內心會很雀躍。

這和豐田汽車破產，其他競爭的公司會狂喜是一樣的。

「受歡迎的人」一死，「不受歡迎的人」會很高興，這在網路上是很常見的。

不論在哪裡、在哪個時代，「受歡迎的人」常常被當作是加害者，「不受歡迎的人」也往往自認為是被害者。各自獨立、各自孤獨。

不用配合其他人，這真是太棒了！

14

人生走到最後時，要待在想待的地方

為什麼醫院會想要延長病人的生命？

並不是你的生命很珍貴。
沒這個道理。

就醫院來看，幾乎所有的患者都是毫不相關的人。
幫渺小且毫不相關的人延長生命是因為法律、是因為營利。
除了這些理由，其他的都微不足道。
如果是癌症患者，要做多少次抗癌劑治療，才能賺多少錢？
如果延長這位患者的生命，合計是多少錢？
就經營來說，這是理所當然的。

不只是癌症，你想在迎接最後一刻時全身插滿管子嗎？還是回到家、在喜歡且安心的地方死去？由你自己做決定就可以了。

就算是被當作任性也沒關係。
生命的最後剩一個月，要在自己最想待的地方度過。
臨終時，還是不要在自己不喜歡的地方、當別人的盤子吧。

找一個死得舒服的地方、
死得舒服的方式。

15

剩下一個月了，不想吃就不要吃

沒有食慾就不要勉強進食。

有食慾的話就吃，沒食慾的話不吃也沒問題。

就是一個這麼簡單的道理。

要知道，身體必定會持續將必要且最佳情報傳輸至腦部。

許多專家提倡感冒需要多吃營養的東西才有足夠體力對抗病毒，但是勉強沒有食慾的自己進食，反而是錯誤的。

之所以會沒有食慾，是身體希望把能量集中在擊敗感冒病毒，而不是額外分出能量供給消化器官。

剩餘壽命一個月的話更是如此。

為了不浪費能量，身體做出的判斷就是抑制食慾，因此跟隨身體的指示，別做多餘的事情比較好。

不管是什麼樣的專家提出什麼多合理、多有用的意見，還是相信身體的自然法則吧。

畢竟勉強自己吃或不吃，終究還是會死。

到了這種地步忍耐也沒什麼意義。

如果我被宣告生命只剩一個月，結果食慾下降，說不定這是個體驗斷食的絕佳時機。

因著食慾低迷開始的斷食應該不會特別難受吧。

珍貴的最後一段時間，
為什麼要花在勉強自己吃東西上？

16

想動就動，不想動就躺著吧

如果生命只剩一個月，「不運動不行的壓力」比起「懶到都不動」更不好吧？

想動的話就動一動，不想動的話就放心躺著，何苦為難自己？

與其勉強運動，讓自己感覺好像可以活久一點，還不如虛心坦懷傾聽身體的聲音，順其自然會比較好。

肌肉訓練、伸展以及散步是我每天一定要做的事。

不過一年大概有五天會休息。

不是計劃好的，只要感覺「啊——今天真的好不想做啊——」，我會以身體的感覺為優先。

明明不是發燒也不是身體不舒服，反正就是不想做、不想運動。

因為這是遵照自然的法則，休息之後，明天就會想做了。

學生時代還有公司就職也一樣。

偷懶對我來說是珍貴的、不可或缺的，偷懶之後，隔天就會想做。
不要逃避偷懶，不要害怕偷懶。
偷懶是個崇高的挑戰。
偷懶會幫助我們修復身心。

偷懶需要勇氣，
因為我們都太習慣勉強自己。

17

能睡就睡，不能睡就別勉強吧

雖然我在前一節大力提倡好好睡覺的重要，但如果生命只剩一個月的話，又另當別論。

這時候想睡的話就睡，不想睡的話就不要睡，一樣不要勉強自己。

不只是晚上，如果想睡午覺，睡得著就睡吧。

我從高中到出社會上班為止，非常享受睡午覺。只要有時間，就會睡午覺。

但是獨立之後就不太睡午覺了。

改變的原因其實也很簡單：不管怎麼睡也睡不著、沒辦法睡了。這種時候乾脆起床做事。日復一日，午覺和假寐之類的需求就跟著降到低點。

雖說如此，到了生命只剩一個月時，無法集中睡眠的可能性很高。

這時候午覺和假寐就不可或缺了。

昏昏欲睡的狀態做些有的沒的到底有什麼意義呢？沒意義，應該完全沒意義。

令人昏昏欲睡、怎麼也提不起勁的場所是最適合睡覺的。
反過來說，明明不想睡，卻強迫自己睡覺，那麼就無法享受難得的幸福瞬間。
明明不想睡，不要勉強自己去睡，起來用力玩耍、度過愉快的時間吧。
因為死亡，某種層面上來說就是永恆的沉睡。

死後多的是時間可以睡，
而且叫都叫不醒。

18

只剩一個月，就尊重自己的身體吧

人生走到最後一個月，大多數人的身體會產生激烈的變化。
可能會今天頭痛，明天肚子痛，後天、大後天——
這種時候，你絕對、絕對不能放棄自己的身體。
即使醫療人員、家屬或親戚們皺一下眉就能夾死一隻蚊子。
身體再怎麼破爛，只要身體還在運作就代表你還活著。
如果連你都不愛惜了，還有誰會愛惜呢？
應該沒有吧。

沒有親友，只有自己的話，你就當自己唯一的親友吧。
接下來的第一步就是疼愛自己的身體。
到目前為止，你之所以還存活著，無疑是身體在努力。
有一點要記得，不管罹患怎樣的疾病，絕對不要盲目依賴民間療法。
除了通過國家醫師考試的醫師外，不要讓其他人碰你珍貴的身體。
不過也別忘了，最後判斷的不應該是醫生，而是你自己喔！

最應該尊重、傾聽身體的是「你自己」。

傾聽後再決定要善用醫學，還是放棄醫學，倚賴自然療法。

為了把自然痊癒力提高到極大值（甚至突破最大值），應該對自己的身體表示敬意。

好好跟身體商量，找出和平相處的辦法。

19

只要能讓自己感覺舒服，什麼醫療手段都可以

人生走到最後一個月，身體各處會發出悲鳴。

或許有人會痛苦到想死。

即使不會想死，終究還是得死。

反正都要死，不如嘗試所有能夠逃脫痛苦的方法吧！

所有能夠逃脫痛苦的醫療方法都用一輪吧，沒有這種覺悟百分之百活不下去。

實際上，在醫師當中，「如果是自己罹癌，不使用抗癌劑」的人不少。

明明對患者極力勸說使用抗癌劑，但自己卻不想用。

我和很多這類型的醫療界人士聊過這個話題，大致得出這個結論：先不處理，如果腫瘤大到影響生活，再把那個部分切除。接下來活個幾年，好一點可以超過十年，最後在嗎啡的協助下死去。

雖然不能用大聲公挨家挨戶宣傳，但這樣的醫療手段其實很普遍。

從前我就有留意到很多醫生的小孩感冒，不太會吃感冒藥。

我面對癌症也不會對醫師唯命是從，最多他說東我就不去西，這是是從行動和習慣得到啟發。

醫學之祖希波克拉底留給學生兩個訓誡。

一是不要隨意傷害患者的身體。二是遵從自然痊癒力。

到這種時候，
就不用想傷肝傷腎了吧？

20

即然只剩下一個月，
就優雅地撰寫短篇小說

剩下一年壽命時，我推薦大家撰寫長篇小說；不過有一個月的話，也足夠寫一本短篇小說。

當然可以寫像自傳這種私小說（想寫的話娛樂小說也可以）。

過去的回憶錄也可以。

把現在的想法寫下來也可以。

暢談未來的世界也無妨。

喜歡的可以全、部、寫下來。

然後盡可能將你的作品公開在SNS上。

如果不公開當然也沒問題啦，只不過公開的話，或許會引起一些共鳴、一些觸動。

我也有好幾次因為看到這類型的文章或影片而被打動。

即使生命即將終結，但像這樣留下來的紀錄，會觸動很多像我這樣的人。對即將走向死亡的人來說，這也是一種價值證明吧。

搞不好數十年或數百年之後，或許會成為世界公認的歷史名作也說不定。

哎，未來的事情誰知道呢？

如何？

也有可能因為生命只剩一個月，突然決定要認真享受人生呢？

直到在最後的瞬間還在寫小說，這人生是不是很浪漫？

這樣的話，只剩下一個月的生命其實好像也不壞？

直到最後只留下失敗的人生也無所謂，但要記得處理色色的玩具。

我來幫你算算看，你的未來，

嗯，會與我在同一個世界重逢呢。

Part.3

如果一個星期後，你的人生就結束了。

21

24小時×7天=168小時，真是比想像中長呢

那個啊——如果生命剩下一星期是什麼概念？

按按計算機，一星期是一六八小時。所以生命剩一週的話，就是生命差不多剩一六八小時。

「討厭，要讀書一小時……」如果這樣想，這一個小時怎麼樣都看不到終點，會很長、很長。

但若是與最愛的人交談，一小時咻一下就過了。

一如愛因斯坦的理論，時間是相對的東西，即使都是一小時，面對的人、事件不同，感覺就會有落差。

如何就一個小時進行一六八次反覆，完全掌握在自己手中。

我會把一半的時間花在睡眠和保持身體狀態。

我認為這是為了保持精神最佳狀態的必要投資。

跟前面提過的概念一樣，就算只剩一六八小時，睡眠和保持身體狀態也依然非常重要，花費的時間絕對不是虛度光陰。

至於剩下八十四小時——我會動腦筋思考、還有從事創作吧。

如果創作累了，就動腦筋思考。
如果思考累了，就從事創作。
我希望用這樣的反覆迎接死亡。
現在突然發現我的使命一定是創作。
純粹是使命，而非工作。
不論發生什麼事、做出什麼選擇，就算我遠離創作，只要我遵照自然的法則，
最終還是會與創作相遇吧。
而如果「還有一星期的壽命」，就可以留下小篇幅的作品。

死前都想做的事，
那肯定就是真愛了。

22

為了迎向人生的終點、拼命寫信也很帥

如果有一星期，盡量寫信給珍惜的人。
不必特別到郵局交寄，不貼郵票也無妨。
甚至，有些情況——收件者不必收到也可以。
反正就是把回憶以及想要傳達的訊息寫下來就對了。

透過書寫，相關的記憶和心意會更加鮮明、深刻，也就能更深愛那個人。
當然，也能傳遞謝意。
愛在心底口難開。面對面說不出口的事情，那就寫下來吧！把難以啟齒的心意藏在字裡行間，就能好好傳達給對方了。
文字是非常美妙的。
然而，有一點必須要提醒注意。
為那就是不要對討厭的人寫下怨恨。
沒有人想在最後時光還想起討厭的人吧？不必特意回憶那個人有多討厭吧？時間如此珍貴，不應該因此弄髒、浪費。

就好像在夏目漱石的《心》一書中，自殺的K完全沒有在遺書上寫下對老師的怨恨。馬上意會到這件事的老師顯得非常渺小。

在那個瞬間，老師是醜陋的，而K是美麗的。

如果你「只剩下一星期」，希望你能撥出珍貴的幾個小時看看這本小說。

那就是三浦哲郎的《旋轉木馬》。

目前紙本書籍已經絕版，如果想要先看，得去二手書店找一找了。

只剩一六八小時啊！

留給最愛的人可能都不夠了！

23

想念那些先走的人

一旦意識到「生命剩一星期」，一定會感到惶恐不安。
不只是你，所有人都一樣，在生命只剩一星期的時候一定會不安。
只是有些人寫在臉上，有些人刻在心底。

覺得已經到臨界點，已經到了崩潰邊緣，要不要試試這個方法？
想想身邊先走的人。
自己現在的惶恐，先走的前輩們都曾體驗過。
這是不可逆的。
「如果那時候能對他更溫柔一點……」
「其實那時候很喜歡他……」
各式各樣的思念會盤據霸佔腦海吧。
不過人都先離開了，再多思念也已經來不及了。
這也是人生的妙趣。

那個人在當時是不是也同樣不安？是不是也這麼孤獨？
你也無法逃脫這樣的孤獨。
所有人，都無法逃脫被註定的死亡。
再怎麼膽小的人，都會經驗像是高空彈跳般刺激的死亡。
所以人生才是很美妙的，沒說錯吧？

你也有那樣一個人嗎？
那個被放在心底、
怎麼樣都忘不了的人。

24

摔盤子、尖叫都沒關係，總之要好好生氣

假如生命只剩一星期，趁著還有一點體力，發洩憤怒吧。

而且是用盡全力發洩。

不過不是讓你對著某個人傾洩憤怒。

而是在不干擾其他人、不造成其他人困擾的地方（像是誰都聽不到的密室，或是在自己心中）。

到了這個時期，生氣對身體不好這種事情也就不需要太在意。

與其憋在心裡，還不如刻意爆發憤怒，也能實際感覺到自己還活著。

「原來自己還能生這麼大的氣啊」若有這樣的感覺，就能重新感受到生命。

過去一直隱忍、自我消化憤怒的人，這時候就不要客氣了。

像吃到炸藥的人似地歇斯底里、大發雷霆吧。

生氣、發狂、摔東西……什麼方式都可以，讓憤怒傾瀉而出。

隱忍不發的人將憤怒像氣球一樣完全洩氣後，心底應該會湧現一些感覺。

人在盡情發怒之後，會感到悲傷。

人在盡情發怒之後，會感到難受。
知道為什麼嗎？是因為活著。
因為活著，所以憤怒之後才有悲傷的情緒。
憤怒是上天賜予人類的本能。
因此一個人感到生氣，只不過是遵照自然的法則。
沒有發洩過憤怒的人生，不能說是活過。

頂多，就是殭屍？

25

想哭就哭。
哭得很醜也沒關係

生命只剩下一個星期，跟憤怒一樣，趁著還有體力，嘗試哭出來。

不是梨花帶淚，而是呼天搶地、嚎啕大哭。

但自己一個人哭就好，不用對著誰流淚。

選一個沒人能阻止你哭泣的密室裡嚎啕大哭，或在心裡大哭一場。

反正一定會哭得很醜，就別管了吧！沒必要在意自己哭的樣子像林黛玉還是像大暴龍。

大哭一場，把體內的水分通通哭乾，才能體認自己還活著的事實。

「原來自己還能哭那麼久啊。」若有這樣的感覺，那麼就能重新感受到生命。

過去一直隱忍的人，把隱忍的人設丟了吧。

像寶物被搶走的孩子一樣歇斯底里地哭泣。

哭泣，流淚，鬼哭神號……都可以。

隱忍不發的人哭到肝腸寸斷、哭到沒眼淚後，心底應該會湧現一些感覺。

人在盡情號哭之後，會感到神清氣爽。

人在盡情號哭之後，會感到元氣飽滿。
知道為什麼嗎？是因為活著。
因為活著，所以哭泣之後才能感覺到朝氣。
眼淚是上天賜予人類的本能。
因此一個人無論是怎麼樣的流淚流淚（不管是鬼哭神號或是啜泣），都是遵照自然的法則。
沒有盡情哭泣過的人生，不能說是活過。

跟木偶一樣，拉拉扯扯，
動來動去，都不是自己想要的。

26

就算硬是笑出聲，都能讓自己好過些。
所以，笑一笑

如果生命只剩下一個星期，趁著還有體力，嘗試笑一笑。。

盡情大笑，笑得前仰後合。

不過，不需要笑給誰看，也不需要跟誰一起笑。

找個沒人的地方或是在心中大笑就好。

雖說大笑有益身心，不過到了這個時期，刻意去笑也沒什麼意義。

但是啊，硬是大笑一場，才能品味自己還活著的實際感覺。

「自己還能笑得這麼大聲啊——」如果身體能有這樣的感覺，那麼就能重新感受到生命。

一直忍著不笑的人，這時候就不要客氣了。

像被點到笑穴一樣的盡情大笑。

大笑，捧腹大笑，笑到快喘不過氣。

一直忍著不笑的人，在盡情大笑之後，應該會有以下感覺。

盡情大笑之後，會覺得筋疲力竭。

盡情大笑之後，會覺得肚子餓。

知道為什麼嗎？是因為活著。
因為活著，所以大笑後才會飢腸轆轆。
笑是上天賜予人類的本能。
因此一個人笑，是遵照自然的法則。
沒有盡情大笑過的人生，不能說是活過。

大聲、痛快地笑，
不要管優雅啦。

27

哈——啾！好好打噴嚏

生命只剩下一個星期，趁著還有體力，嘗試打個噴嚏。

哈啾！盡情打噴嚏。

不過不是趁這個機會把飛沫噴在誰的臉上。

而是在沒人的密室裡盡情地打噴嚏就可以了。

如果打不出噴嚏，試試在鼻子上撒胡椒粉。

即使是人工輔助打噴嚏，也能品味自己還活著。

「自己還能這麼打噴嚏呀——」如果身體能有這樣的感覺，那麼就能重新感受到生命。

一直忍著不打噴嚏的人，這時候就別再忍了。

像個人似地盡情打噴嚏。

哈啾！哈啾！哈——啾！盡情打噴嚏。

一直忍著不打噴嚏的人，在盡情打噴嚏之後，應該會——

打完噴嚏，不好的記憶隨著噴嚏飛走。

打完噴嚏，對小事不會再耿耿於懷。

知道為什麼嗎？是因為活著。
因為活著，所以打完噴嚏才會忘記壞事。
打噴嚏是上天賜予人類的本能。
因此打噴嚏是遵照自然法則，自然而然發生的。
沒有盡情打過噴嚏的人生，不能說是活過。

哈啾！哈啾！
哈——啾！哈啾！
哈啾！
哈——啾！

28

盡情打哈欠，好好伸個懶腰

生命只剩下一個星期，趁著還有體力，嘗試打哈欠吧。

哈啊——！盡情打哈欠。

不過不是在與人交談，故意打哈欠想結束對話。

在誰都看不到的地方打哈欠就好。

打哈欠是因為腦部處在缺氧狀態，藉由打哈欠增加含氧量，助於腦部運作。

連續打哈欠能品味自己還活著的實際感覺。

「自己還能這麼打哈欠啊——」如果身體能有這樣的感覺，那麼就能重新感受到生命。

一直忍著不打哈欠的人，這時候就不需要忍耐了。

像個人似的盡情打哈欠。

哈啊——哈啊——呵欠連天。

一直忍著不打哈欠的人，在盡情打哈欠之後，身體會給一些回饋。

打哈欠之後，眼睛會濕潤。

打哈欠之後，腦袋會清晰。
知道為什麼嗎？是因為活著。
因為活著，所以打完哈欠身體才會給反應。
打哈欠是上天賜予人類的本能。
打哈欠只不過是遵照自然法則。
沒有盡情打過哈欠的人生，不能說是活過。

有時候啊，
一邊打哈欠，
眼淚就流下來了

29

每天都把愛過的人
拿出來想一想

人在瀕臨死亡之際，人生跑馬燈會讓我們看見什麼？

是最愛的人。

到知覽町這個地方，去確認神風特攻隊的年輕人在死前想什麼吧。做什麼事情之前，翻閱參考一下前輩的智慧與經驗談是不可或缺的。

「最」這個字，一般會認為「只有一個」。所以最愛的人，照理來說也只能有一個，但或許就是有無法縮小到一個人的情況。

如果認為原因是你被很多人愛，這就有點自作多情了。愛有很多類型。對父母的愛與對小孩子的愛，以及對戀人的愛是完全不同的，沒錯吧？

「生命只剩一星期」也就是七天，可以重新回想七位你曾經全心愛過的人（也或許是寵物），每天重新體會那一份欣喜。

當然，每天反覆回味同一個人也是很棒的。

從還不是只剩一星期的現在就開始嘗試，應該會深陷其中、欲罷不能。

戀愛和人生有共通之處。
就是很難準確知道開始的時間點。
不管怎麼絞盡腦汁也無法知曉開始的時間
得到答案也總是在一個瞬間——結束。
結束時，人們腦袋裡的燈泡會突然亮起「啊，是從那時開始的。」

就算距離死亡還很遠，
偶爾也該想起相愛的時刻、
相愛的瞬間。

30

既然只剩下一個星期，
優雅地寫個極短篇吧

如果，「只剩一個星期」，可以試試寫極短篇。

顧名思義，比短篇小說還要短的小說。

把星新一（編註：近現代日本科幻小說家）的極短篇小說拿來參考即可。覺得專業作家寫的長篇小說很無聊，或是有太多作品不適合自己的人，或者可能會覺得極短篇小說很有趣。

如果把長篇小說比喻成全程馬拉松，那麼極短篇小說就是一百公尺賽跑。全程馬拉松總是會有很多需要努力或待加強的餘地，但一百公尺賽跑只要跑慢或跌倒就完了。

直接將美感展現無遺的就是極短篇小說。

在最後的一星期──要不要試試把極短篇小說寫出來？

如果不是專業的人，不必勉強自己一定要寫出好作品。

這反而會造成多餘壓力，對身體有害，如此便本末倒置。

現在只要寫你想寫的東西就行。

現在只要寫你能寫的東西就行。
排除一切的細節，只要寫下最高潮的地方就是很好的極短篇小說。
開始寫的時候是起跑。
力氣消耗殆盡時就是抵達終點。
不知從什麼時候開始。
若要知道什麼時候開始，只有在一切都結束的時候。

如果知道人生的期限，
會不會想全力衝刺一次？

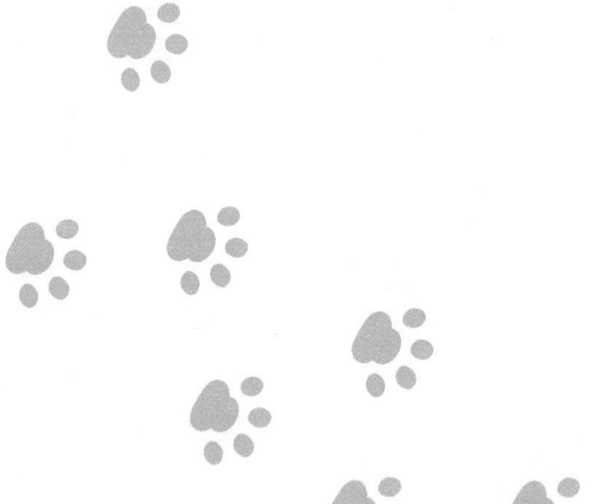

Part.4

如果一天後，你的人生就結束了。

31

60分×24小時＝1440分，
真是比想像中長呢

「一天」聽起來好像有些長，卻又沒那麼長。

所以一天究竟有多長？

換算成小時的話是二十四小時，換算成分的話是一四四〇分鐘。

對很多人來說，停止呼吸一分鐘是很困難的。

想想要這樣反覆一四四〇次，出乎意料的一點都不短，其實蠻長的。

至少我是抱持這種看法。

如果能這麼想，就會非常感謝人生的這最後一分鐘。即使只有一分鐘，我覺得也可以做很多事。

如果生命只剩下一四四〇分鐘，我會把一半的時間用在睡眠和把自己打理得體面吧。

如此一來剩下的七二〇分鐘就能過得更扎實。

剩下七二〇分鐘啊，就不會覺得，還有一四四〇分鐘那麼久。

我甚至希望可以睡久一點——睡飽一點，剩下的時間，感覺上就是提前面對死亡。

接受死亡其實近在咫尺，而不是遙不可及。

那是到目前為止我走過的人生的延長。

過去我總是迫不急待地進行所有人生的進程、甚至希望可以提前做很多事。

因此在人生最後的時刻，我也希望不要拖拉、可以大步向前，提前完成人生的這個必然。

睡飽一點，
嘲笑忙碌於接送死者的死神。

32

今天還活著啊，太值得感謝了

在生命只剩下一天的早晨醒來，首先要對這個事實表示感謝。

原則上，這是你人生最後一次起床。

如果想睡個回籠覺也可以。

再睡一次、再睡兩次，不管幾次，不管多久，都沒有人會責備你。

過去雖聽說過死刑犯的心情，彼時還因為毫無關連而無法體會，不過一旦輪到自己就能感同身受的了解。

犯罪者與守法者在生命面前是一樣的，同樣要迎接死亡。

死刑犯是一開始就被強制體認自己必然會面對死亡，如德國哲學家海德格所說，剩餘的人生或許會因此活得更好。

日文裡有一句俗諺叫「一日一生」。

意思是把每一天當作生命的全部，就會在每次醒來時心懷感謝。

應該沒有人會反對吧，多活一天都是很值得感謝的。

我每天睜開眼睛的時候，都會有中頭獎的喜悅。
我不是誇張，我由衷這麼覺得。
我打從心底覺得幸運。
「好！今天一天也要好好生活。」

死刑犯的懲罰是什麼呢？
大概就是，
得提前面對大多數人最後才會面對的現實吧。

33

因為尼采，
所以要看看「正午的太陽」

從哪個地方看都可以，從病房也可以，在人生最後的那一刻仰望位於中天的太陽。

所謂「位於中天的太陽」是指太陽位置於正南方的剎那。
也就是當天太陽運行到最高頂點的瞬間。
即使下雨或是陰天遮住太陽，也不影響仰望。
就好像歌德在臨終時做的，即使是只有一點點，也要打開窗戶，追求陽光。
因為那裡有在尼采《查拉圖斯特拉》裡最後上場的「偉大的正午」。

「偉大的正午」沒有正確答案。
尼采也沒有公布模範解答。
也就是說你可以自己決定屬於你自己的「偉大的正午」。

我是這樣解釋的。
太陽在行經中天時，所有的陰影都會消失，只有光明。

那裡只有廣為傳播的常識以及無法用既定概念解釋的混沌。

世界的本質就是混沌，言語或科學理論等秩序，只不過是我們人類為了方便行事所捏造出來的虛構故事。

不過即使如此，也不要大發脾氣說一些像是「這世界在搞什麼啊」之類的話，而是要好好活到最後。

罐罐
就是我最偉大的正午。

34

要不要葬禮，得好好說清楚

在這裡我要先告訴大家：我認為喪禮純粹是一種偏好。

「偏好」不是「非做不可」的事，而是「因為想做才做」的事。

因此，我認為要不要辦喪禮是個人的自由；明明很懶得做這些事、明明嫌這些東西很麻煩卻硬是去辦，那可是愚蠢至極了。

這麼說的話，或許有利害關係的人會怒火湧上心頭吧。

不過在這裡我們必須捫心自問。

不知為了什麼（我們自己又看不見），花一——大筆錢舉辦喪禮，有必要嗎？

我有個大學時代的學弟是禮儀公司的第二代。

拿著位數和我們不一樣的生活費的他，曾經很得意地跟我這麼說，到現在依然記憶鮮明。

「葬儀公司可是一本萬利喔。因為再怎麼窮的人也不太會殺價。」

在這裡並不是想追究喪禮（或禮儀公司）的善惡。

我只是想提醒大家，明明只是被有利害關係的人洗腦「辦喪禮是常識」，卻誤以為是自己的決定，那可就大錯特錯了。

明確告知「不需要喪禮」「不需要墳墓」，遺族會多麼寬心啊。

罐罐要在生前拿到手，才是真的罐罐啊。

35

好好刷牙，這可不是浪費時間

不要認為這時候刷牙太浪費時間，還不如去做點別的事。
這時候刷牙是有實質意義的，但絕對不是為了預防蛀牙。

刷牙是對自己的身體表示敬意的具體行動。
因為這是有好好活著的實在證明。
在你懂事之前，牙齒就一直支撐著你。
也就是說如果人生從懂事之後才開始，牙齒可是你的長輩。
沒有牙齒的話你也無法順順利利活到現在。
至少是託牙齒的福，才能維持長期的健康。
所以要滿懷敬意地刷牙。
而且刷乾淨。
不要忘了用牙間刷。
愛用的漱口水也別忘記，要好好漱口。

死了之後，嘴巴臭臭是很丟臉的。
別想說死掉之後就聞不到自己口臭，也聽不到他人批評，就毫不在意。
不過呢，不管是供奉還是化成灰燼回歸自然，人還會繼續活著。
活在親友們的記憶之中。
應該、應該啦，沒有人希望以後被談起的時候，話題迴繞在口臭上吧。

雖說死了之後聽不到，
但活著的時候難免會有些在意。

36

好好洗臉，擦乾淨一點

特別是眼屎！

可以的話，自己洗臉更好。

一邊洗臉一邊感謝自己的臉。

一直到眼下，這張臉在人前支撐你所有的人生。

用手掌好好摸摸自己的臉。

額頭、眼睛周圍、鼻子、臉頰、下巴。

從幼童的時候開始到最後一天為止，你的臉給人什麼樣的印象呢？

事到如今，不反省也無所謂（畢竟也就剩這一天？）

只要在心中默念「做得很好」，輕輕地、溫柔地撫摸這張臉。

然後，與鏡中的自己眼神交會。

面對自己的同時也把自己當作別的「對象」。

如此一來，你最後看到的人，就會是神清氣爽的自己。

這個對象很不錯吧？
這也是理所當然的，因為看了就讓人心情好啊。
我從前就很喜歡洗臉。
因為洗臉會變得很清爽，整個人也會清醒。
或許是因為臉很靠近腦，因此在洗過臉後，腦筋思考也會變得清晰。
希望在最後的時刻能清晰地面對自己。

貓洗臉很認真是有原因的。

37

為了腳趾之間的神明，要好好洗澡

正因為是臨終的時候，更要保持身體清爽。

頭皮到腳尖，仔仔細細地清洗乾淨。

從以前開始我就特別喜歡洗腳。

現在也很喜歡。

我認為腳趾之間的縫隙有神明，我也相信保持整潔就能提升運氣。

真的，我沒騙你。我真的是這麼認為的。

或許實際上沒有因果關係，但保持足部整潔有許多優點與好處。

一旦有事時，管用的不是外在象徵的頭銜，而是剝去這些外在的你，真正具有的實力。或者我乾脆說，就是裸體的力量。

而就一個裸體的人來說，漂亮的腳是非常醒目的。

只有漠不關心的人才會覺得沒什麼兩樣，認真的人看什麼都很仔細，不會放過任何一個細節。

總之呢，你的腳，就是一直支撐身體到現在的部位。
真的辛苦了。
不僅是腳，最後洗澡時，也要發自內心對身體的各個部位表示感謝。
「能有現在這瞬間，都是你們的功勞。」

你曾經好好看過自己的腳嗎？

38

好好剪指甲，那會讓你很性感

距離頭部、心臟越遠的部位越容易被忽視。
代表部位就是指尖、指甲。
但指尖或指甲是非常醒目的。
判斷一個人性格和生活方式，指尖或指甲是很好的切入點。
雖說如此，若只是在意指尖、指甲的整潔，忽略生活，那可是本末倒置。

認真過生活的人，如果指尖和指甲沒整理好，就會有種功虧一簣的惋惜感。
越是認真過生活的人，越會記得定時修剪指甲。
不過要注意了，不要剪得太深。

我的指甲很短。
那是在過去的人生當中，許多性感男星給我的啟發。
雖然不是由他們直接傳授，我是透過影片發現的。
沒有例外，性感男星的指甲都很短。

其中也有男星短到指甲幾乎都不見了。
理所當然，那是為了避免傷到性感女星的身體。
不必仿照男星的極短指甲，但每一個人都需要好好整理指甲。
當然，腳趾甲也別忘了！
把腳趾甲剪乾淨，為什麼那——麼——舒服呢？

才不舒服呢——
才不舒服呢——

39

剩下的這一天，要好好把臉修乾淨

不論男女，很建議大家養成修臉的習慣。
修完臉的清爽感跟一般日常的洗臉是完全不一樣的。

我經常光顧的理容院也有女性專程來修臉，非常好！
修臉之後，臉部馬上整個容光煥發，一掃陰霾。

這是因為，我們的臉上有很多細毛。
修臉之後，臉部變亮，在鏡中照出來的臉會充滿生命力。
因為照出來的是明亮且鮮嫩的臉。
對自己的臉能擁有自信，人就會有元氣。
修臉就是這麼速效、神奇。

到目前為止我去美容院的次數少到可以數出來（單手就夠了）。就算想去也沒辦法，因為美容院的美容師沒有修臉的資格。

但對我而言，與其花大錢追趕流行髮型，修臉重要好幾倍，所以我幾乎只跑理容院。

現在我也會自己修臉。

因此每次去理容院，修容師都驚訝我怎麼能修得這麼乾淨。

死神來找我的時候，
我肯定會比那傢伙更容光煥發。

40

如果只剩下一天，那就優雅地寫詩吧

如果有一天的時間，誰都能寫詩。
雖然推薦的是無限制的自由詩，而非俳句或川柳般的定型詩，但是只要你喜歡、什麼都可以。
喜歡定型詩的人很適合定型詩，不喜歡詩的人，自由詩會比較好吧。
不必拘泥細微的規則，想到什麼寫什麼就可以。

宮澤賢治的〈不畏風雨〉是他寫在記事本上的筆記。
我想應該不是為了留給後世而刻意寫的吧。
但是這個筆記不僅被當作詩，還得到很高的評價，是他的代表作之一。
說不定你寫的詩也會獲得很高的評價。
但這些都是無關緊要的事情。
你想怎麼寫就怎麼寫。
不必要求寫得很好。

放鬆肩膀、把內心湧現的東西原封不動地寫下來就可以了。

身為作家，我要在這裡先告訴大家，不要妄想去寫一些所謂可以打動人心的文章。

素人若想寫出大家認可的文章，只會讓人掃興。
只要笨拙地將你的靈魂流露的不流暢表現出來，就可以打動人心。

一日一生。
一生一日。

做那些
做得到的事就好。

Part.5

如果一小時後，你的人生就結束了。

41

60秒×60分＝3600秒，
真是比想像中長呢

一小時是六十分，六十分是三六〇〇秒。

到目前為止，我沒有一口氣數到三六〇〇的經驗。

最多數到二〇〇或五〇〇。

我想應該是那樣吧？應該啦！

小時候和父親一同洗澡時，兩人泡在浴缸裡競相大聲數數。

直到快變成「燙章魚（或燙豬肉）」才舉手投降。

從來沒有數到一千。

我想以後也不會有。

如果這麼想的話，剩下一小時壽命也就是「三六〇〇秒的壽命」，還剩下到目前為止無法自力計數的時間。

神明贈與的時間算是蠻長的。

如果再多給一小時——說穿了就是同樣的反覆。

延後死亡和延後決斷一樣，是沒意義的。
至少我是這麼認為。
希望能虛心坦懷地利用三六〇〇秒去做思考。
如果能這麼想，這時間也足夠去製造小孩，當然這只是個比喻。
利用這三六〇〇秒在人間留下你曾在此生活的足跡。

挑戰數到三六〇〇，
就會覺得，
啊，一點也不短啊。

42

你的人生，
其實就是為了這最後一小時嘛

想到只剩一小時的壽命會讓人感到有一點點雀躍。

至少，就我所知，以及送走數萬人的醫療人士的經驗，在最後的一個小時手忙腳亂的人很少。

那是自然法則贈與生命的禮物吧。

一定是為了讓我們超越言語或理論去接受死亡，因此應運而生的本能。

一開頭我提到過：想到只剩一小時的壽命，會讓人感到有些許雀躍。

因為到那個時候我一定會這麼想。

「搞不好，前面度過的所有事，都是為了這一個小時而存在……」

如果那時候我的腦袋還能夠思考，我想最後這一小時的思考應該是過去經歷的集大成。

說是這麼說，現在的我也不知道是什麼會浮現在腦海裡。

因為那個時候還沒到來。

從現在就開始預測會想些什麼、會感受到什麼是沒有意義的。
那個時候只能即興應對、只能期待那些美好回憶的到來。
不必在乎他人的評價，只要一心一意沉醉、享受自己的思考即可。

都剩下一小時啦，還能怎麼樣？
所以就會冷靜下來。

43

只剩下一小時，
那就與最重要的人一起度過

至少在生命的最後一個小時，要跟隨自己的本心度過。
這麼珍貴的時間，要是還擔心是不是冒犯誰、會不會被誰誰討厭……連神明看了都會發火吧。

能任性就盡量任性吧。
除了真正想在一起的人之外，把其餘的人都趕出房間吧。
明確表示「讓我和○○單獨在一起」「只要留下家人」。
這種時候就是要做這樣的決斷。

不需要說什麼，只要和真正珍惜的人平平靜靜地在一起就可以了。

如果你是天涯孤獨——
這時候你自己過就好，不需要強迫自己跟誰一起過。
自己舒舒服服的，自己陪著自己也是一樁美事。

即使是孤獨死去，也不必感到羞愧。

而是要以孤獨的自己為傲。

歷史上許許多多奮戰英雄們在臨終時也只有孤獨陪伴。

據說聖女貞德和焦爾達諾布魯諾（Giordano Bruno，文藝復興時期義大利哲學家）都是受火刑而死。這兩位生存的時空不同，境遇卻相同，他們的每一粒骨灰都被灑進河裡。

可以說，孤獨超越所有理由，簡直可以說是最崇高的生活方式。

不必因為害怕孤獨而到最後都委曲求全。

貓也覺得，
不用再遷就人類或貓，
真的很舒服。

44

「與其讓孫子看我死去的樣子，
不如讓孫子看我怎麼生活」

某位社長在喪父後不久，曾與我分享一些關於他父親的事。

「我父親是因為癌症去世的。然而自從開始治療、注射抗癌劑後，就絕對不跟孫子見面。平時疼愛到放進眼睛裡都不覺得痛（編註：極其疼愛之意）、恨不得綁在褲腰上的寶貝孫子們，我父親竟然不想跟他們見面……」

我可以理解。

我想那位社長的父親是個活得很有自尊的人。

用膝蓋想也知道，父親肯定是想見孫子，想得要命。

但是如果換做是我，應該也會這麼做吧，而且會毫不猶豫拒絕。

因為我想讓孫子看我活著的樣子，而不是記住臨死的樣子。

老實說，臨死的樣子很難看。

不論是誰都很難看。

會有多難看？嗯……總之會比活著的時候還醜，這是自然的。

如果不是這樣，根本沒必要活那麼長，想早點死還比較好吧。

我很討厭死後被美化的風潮。

這和天才在死後才被肯定不同。明明只是個凡人、甚至是個壞人，卻在死後被極盡美化。

那種美化本身就是一種醜劣的欺瞞。

希望被記住的樣子——

應該要是什麼樣子？

45

「孤獨死」「突然死」，很多是壽終正寢的老人未來日本的孤獨死、突然死，會持續增加吧。
沒辦法，因為這是超高齡社會的宿命。
大家知道為什麼有那麼多老年人不想住在照護設施嗎？
別急著回答！
因為你的答案一定不是他們的真心話。
我現在要說的才是。

那是因為有些不良的照護設施，工作人員在看不到的地方，以陰險不露出馬腳的手段欺負。
這和待在醫院一樣，被一部分不好的醫師或是護理師以完美的手法欺負，因此以合法的方式被殺的老人很多。

日本龐克搖滾樂團THE BLUE HEARTS曾這麼告訴我們。

「弱者會在黃昏欺凌更弱的人。」

這是霸凌的唯一本質。

照護設施和醫院的護理師，可說是正是社會的相對弱勢，醫師和厚生勞動省的官僚們以前也有很多是被霸凌的書呆子。

如果不理解這關鍵的部分，那麼孤獨死．突然死就不會減少。

因為與其老了才被欺負，還不如選擇孤獨死．突然死，這樣至少臨死前還比較幸福。

也因為如此，孤獨死．突然死也變成老人壽終正寢的幸福象徵。

貓應該沒有照護設施吧？

我！絕！對！不！去！

46

可以的話，
把鼻孔啊肚臍啊都弄乾淨

需要與其他人面對面交談、一同工作的人們，我想至少都有一次這種經驗，那就是——對方的鼻毛跑出來，讓自己非常在意而無法集中精神。

即使面前的人身分多尊貴、多偉大，談吐再怎麼優雅高尚、再怎麼激勵人心，都無法集中在談話內容上。

這種窘境，也可能發生在我們自己身上。

實際上你遭遇這樣的人的機率、和自己鼻毛外露的機率是一樣的。

如果沒有刻意留意，可能光是一年就會社死好幾次。

不只是鼻毛，還有鼻頭粉刺也算；或是耳朵，其實身體所有的孔洞都一樣。

我在上班前、接洽生意或是站在人前演講時，會在一個小時前就專心清理身體的孔洞。

這樣才能毫無懸念地去一決勝負。

而死亡，是一個人最後的戰場。

好好集中精神再上戰場比較好吧。
如果可以，希望大家在生命的最後一小時把身體的孔洞清乾淨。
我覺得這也是對身體最後的回報。

你介意死後
被看見鼻毛嗎？

47

幽默和感動
是生命力的證明

雖然不是非得這麼做，但希望每個人在生命剩餘一小時終能伴隨幽默與感動，而不是只有眼淚。

至少我會想這麼做。

外國電影有一個很酷的特點，那就是在窮途末路的處境之下也不會忘記幽默。我特別喜歡的是布魯斯威利（Bruce Willis）和史蒂芬席格（Steven Segal）。電影中，他們被逼到走投無路時的台詞真的很迷人，讓人喜歡得不得了。在困境中的緊要關頭說出那種充滿幽默的台詞，真讓人感動。

雖然上述是備受歡迎的電影或小說的一種形式，但也不侷限於虛構的作品。奧地利的精神科醫師維克多弗蘭克（Viktor Emil Frankl）的著作《夜與霧》（*Night and Fog*）很有名，在這部作品裡，他細緻且入微地描寫自己在奧斯維辛集中營裡的親身體驗。

能夠在那裡奇蹟生還的共通點，就是幽默和感動。

人類一旦被逼到極限的狀態，大多數人的面容會變得僵硬、陰冷而且陰鬱。

而即使是硬裝出來的也沒關係，能夠在那種狀況下都不忘幽默和感動的人，有很高的機率能存活下來。

當生命剩餘一小時左右，要不要試試成為英雄？

反正人絕對、一定、一〇〇%早晚會死。

哭著死亡也是死亡，
笑著面對死神也不錯。

48

死前一小時還想做的事，
就是那個人的使命

不管是不是刻意為之，在死前一小時都還想做的事，就是你的使命。

如果你大聲哭喊，那就是你的使命。
如果你怒火湧上心頭，那就是你的使命。
如果你叨叨絮絮，那就是你的使命。
如果你低聲竊笑，那就是你的使命。
如果你笑嘻嘻的，那就是你的使命。
在這裡我並不強求大家在臨終時勉強笑。
老實說勉強笑一點意義都沒有。

「笑了之後可以產生幸福的感情」像這種自我啟發的教訓在生命只剩一小時的時候也沒多大用處。
想笑的人就笑，實在想生氣的人就生氣不必壓抑。
事到如今已無可奈何。

只是，如果你想在最後的一小時能笑得出來，那麼從現在開始你就要準備好活成那樣。

生命只剩一小時還在讀這本書的人——我想應該不存在吧。

但無論怎麼掙扎，死前一小時都想做的事啊，那個執著，可以解釋很多疑問。

就剩下一小時了，
你腦海裡浮現的第一件事是什麼？

49

選好最後想聽的音樂

總會有一首歌，會讓你不論幾歲都仍怦然心動。

很多人的那首歌，是在多愁善感的十幾歲時喜歡的流行歌曲。

最活潑、最能體現生命的光與熱的年歲啊，過了二十歲做的事，基本上就是十幾歲時做的那些事再拿出來重複一次。

十幾歲的的我們，之後只是在人生中反覆這一段最美好的時刻。

不論是二十一歲、三十一歲、四十一歲、五十一歲、六十一歲還是七十一歲，都是十一歲。

不論是二十九歲、三十九歲、四十九歲、五十九歲、六十九歲還是七十九歲，都是十九歲。

老實說，一旦到了自己父母的年紀，不論是誰都會發現一件事情，那就是「年歲增長並不會改變人的本質」。

換言之，不由得佩服父母親裝大人裝得很好。

不過這都不是重點，總之先選好臨終時想聽的音樂。

因為有很多人在死亡之際都還聽著喜歡的音樂。

在這裡介紹一首歌——要是沒聽過這首歌就死了，會很可惜，將是人生中的遺憾。

雖是這麼說，但也不必非得改變自己的品味與愛好，當成一個可能的選擇、一個接觸美好事物的契機更好。

試試品味賈桂琳・杜・普蕾（Jacqueline Mary du Pré）演奏的佛瑞（Gabriel Fauré）的《輓歌》（Élégie）。

雖然馬友友的演奏也是絕品，但是我更想推薦杜・普蕾的版本。

如果知道她的生涯故事，聰明的你應該會了解箇中緣故。

裝得好不容易。

所以人生才有那麼多不成熟。

50

只剩下一個小時，得要決定墓誌銘，優雅地

生命剩餘一小時的時候，希望能夠好好決定墓誌銘。
在事先想好的幾個備案選一個。
這會是一段很優雅的時間。

如果不需要墳墓，就沒有刻在石頭上的必要。
以某種形式留下來就很棒了。
有些人會在網路上的SNS上留下最後的信息。
這逐漸變成一個趨勢，每次看到這些都讓我覺得這個時代真是美好。
在脫離上班族的身分之後，我就馬上決定好自己的墓誌銘。
那就是——向禁忌挑戰，創造次世代。
真的是一瞬間浮現在我的腦海。
直到現在我會認為那是啟示，無疑也成了我的使命。
如果問我在最後的一小時要做什麼，我會想要優雅地回顧自己的進度。我做得好嗎？有多好？

雖然不能斷言沒遺憾，到目前為止我感覺不錯，也蠻自豪的，真的很感謝。

希望能借這個地方感謝上天賜予我這個瀟灑的使命。

有必要的話，三六〇〇秒是很充分的時間。

好好享受這段獨特且優雅的最後時光。

妳想留給世界的最後一句話是什麼？

Part.6

如果一分鐘後，你的人生就結束了。

51

如果把地球的歷史當作24小時看，
人類的歷史還不到一分鐘喔

據說宇宙的歷史有一三八億年，地球的歷史有四十六億年。

雖然說法有很多——但能純熟地使用石器的「靈巧的人」，似乎是誕生在大約二百萬年前最初期的人類（巧人，Homo habilis）。

如果把地球四十六億年歷史濃縮為二十四小時，人類的歷史甚至連一分鐘都不到。

如果更進一步呢？把宇宙歷史濃縮成二十四小時，猜猜人類歷史有多久？

答案是——十幾秒左右。

如何？

是不是更能感覺到宇宙與地球的規模？對比之下，人類可說是極其渺小的存在。

若試圖思考兩者規模究竟多大，就更能體會人類的渺小宛如宇宙中微不可見的星塵。

一個人的時間更只是一瞬間。

這是很現實的。

我們的剎那人生對宇宙而言是微不足道的存在。

就壯大的宇宙來看，灰塵和人類沒有任何差異。

如此一來，就更能發現我們不是自己自顧自地活著，而是被賜予生命、然後活著。

因此，我總是感謝這有如被賜予般，眇小如剎那的人生，並對自然界懷抱敬畏。

活著的時候，
要左右張望。

52

一直都最後，
都要去感覺心臟跳動

即使是同一個人，心跳數也會因身體的狀況或時間而有所差異，而且也因人而異。

據說大致上是一分鐘跳六十下。

也就是說一秒一下。

據說哺乳類一生大約會跳二十億下，所以到了人生的這個時候，希望大家能靜靜地感受最後的六十次心跳。

這個瞬間沒有必要感受生命的珍貴，也沒必要仔細體悟生命的喜悅。

雖然稱不上冥想什麼的，但我每天一躺在床上就會兩手交叉放在肚子上。

從我懂事以來一直如此。

在黑暗當中鑽進溫暖的被窩，一邊盡情享受溫暖的幸福，一邊感受呼吸和心臟的鼓動。

不是為了整理呼吸，也不是為了計算心跳。

只是一心一意去感受活著的這個瞬間。
「能活著真好！」想著想著意識逐漸遠去，我的最後一分鐘一定也是這樣。
心臟跳動的頻率演奏生命的最終章，離世時嘴角會微微上揚吧。

會陪你我到最後的，
或許就是心跳吧。

53

在人生的最後，會想喝水

我曾經陪幾個人走過人生的最後一段。
似乎很多人在臨終的時候會特別口渴。
很多人在臨死之際會想吃像冰沙那種清爽的冰品、或想喝冷水，想必是生命和水之間存在切不斷的關係吧。
很多人在死亡的前幾天似乎就會決定自己要喝點什麼，而且要求得很頻繁。
有人是冷水。
有人是冰棒。
有人是葡萄酒。
最後的要求會暴露當事人最真實的一面，也許是沒人看過的真實。
不過想一想，到目前為止還沒聽過有人想吃味道厚重的食物（像是厚切牛排或豚骨拉麵之類的），臨終時大部分的人還是會要求簡單而且是真正喜歡的東西。

我一位親戚的臨終讓我印象非常深刻，在這裡與大家分享。

他要走的時候說了這麼一句話。

「給我水。」

喝完一杯水之後，馬上垂下頭來走了。

真是個實實在在的男子漢。

你人生的最後，想要嘴裡是什麼味道？

54

「色即是空，空即是色」，這在科學上是正確的

所謂的「色即是空」是指「物質沒有實體」的意思。
所謂的「空即是色」是指「說是沒有實體也是物質」的意思。
「到底在說什麼啊？」——大多數的人應該是這樣想吧。

不過，這不是詭辯也不是文字遊戲。
希望大家回想一下我們在物理課上學到的原子核和電子。
原子是由原子核和在周圍飛來飛去的電子所構成。
就科學理論來說這是正確的。
然而依然很多不可解的地方。
據說原子的大小是百億分之一公尺，而其十萬分之一是原子核的大小。
假使在東京車站放上直徑一公尺的瑜珈球當作是原子核，那麼比米粒還小的電子就會在甲府或宇都宮附近飛來飛去。

如此一來，就能理解原子核和電子之間是空空如也的狀態，和什麼都沒有是一樣的。

由此可證物質可以沒有實體，而說是沒有實體的東西也可能是物質。

世間萬物皆由這個空空如也的狀態的原子所構成。

你、我和他實際上是空空如也，所以最後一分鐘也是空空如也。

人生的最後，
與物理課還是相關啊。
喵～

55

《般若心經》二六二字的最後要說的是：
「人生走到最後時就懂啦，
GOOD LUCK！」

《般若心經》是《般若經》的精華。

《般若經》是一部長達六百卷以上的經典，應該很少人可以讀完

有個又親切、頭腦又好的人（真的不知道作者是誰），將這部經典濃縮成短短的二百六十二個字。

真的是太感謝了。

說是奇蹟也行。

二百六十二個字的最後，我印象中是這樣寫的。

「波羅羯諦 波羅僧羯諦 菩提薩婆訶」

這句話似乎沒有正確的翻譯，是不是最重要的內容我也不太確定（真是抱歉）。

但就好像魔法和咒文般，只要發出聲音、念出來，就有價值。

這正是東洋哲學的精神所在，與重視理論的西洋哲學成對比。

因為東洋哲學是把重心放在實際用自己的身體去感覺而非理論。

不過如果硬要翻譯的話，要翻成什麼呢？

「人生走到最後時就懂啦」這樣吧？

如果還是有人覺得不到位的，那麼「不死一次怎麼知道？死了才知道那邊有什麼！GOOD LUCK！」如何？

總之，因為誰都沒有經驗過死亡，不死一次是不會知道的。

最後的一分鐘，就讓我們期待這個初體驗吧。

什麼都有第一次，
死亡也是。

56

膽小也沒關係啊，因為是人嘛

大家知道著名的詩人兼書法家相田光男嗎？

因為被他獨特的筆致深深吸引，我甚至嘗試模仿他的字跡寫明信片。

也是因為他，我愛上手寫字。大學時代第一次讀他的書，那之後我就深深著迷於手寫字。

寫得不好或是很潦草也沒關係（只要還能看懂就行），我的潛意識不停告訴我：有溫度的手寫字是很珍貴的。

在此之後，只要時間允許，我就會透過手寫明信片，裝載我衷心感謝，並寄出給我感謝的人。我想，這也是為什麼我得到各方關照，能獲得超越實力以上的評價的理由之一。

我也相信，能持續出版自己的作品，也是因為手寫明信片確實替我傳達出誠意與感謝。

相田光男最有名的就是「因為是人嘛」（「にんげんだもの」）這句名言。

簡單卻寓意深遠。

失敗了也沒關係，因為是人嘛。
失戀了也沒關係，因為是人嘛。
生病了也沒關係，因為是人嘛。
被關進監獄也沒關係，因為是人嘛。
夜裡潛逃也沒關係，因為是人嘛。
簡直就是萬能。

在最後的一分鐘感到膽怯也沒關係，因為是人啊。
老實說，我跟所有人一樣害怕啊。

57

總而言之，
不必去想死後的事

不用我說，每個人其實都知道——人生最後一分鐘，幾乎做不了任何事。

電裡裡常見的選擇題：到底是要剪紅線還是藍線，炸彈才不會爆炸？像這樣冷汗直冒的時間，也可能是人生的最後一分鐘。

真實的人生與電影哪裡不同？真實的人生是，死神會確實地笑著與你一起倒數這一分鐘。

我以前曾經想過。

如果我能成為電影的導演，在那種終極的場面，我想乾脆讓炸彈爆炸。

總之沒有考慮劇情，我就是想挑戰禁忌。

你的人生也終於來到最後一分鐘。

成人玩具整理好了，成人網站收藏夾的ＵＲＬ也毀屍滅跡。

嗯，沒錯，都乾乾淨淨了。

那應該沒有什麼遺憾了。

沒必要想死之後的事。

只要好好地、專心地處理「死亡」這件事，完成你的人生。

因為從巧人（或更早之前）到現在，到你看到這句話的瞬間，都沒有真正長生不死的人，所有人都無法逃脫死亡。

逃不掉的。

逃不掉，不如專注於此。何必擔心不需要擔心的任何事？

再檢查一下電腦。

對了，手機和平板也檢查了嗎？

58

如果有死後的世界，LUCKY，
還可以再看D槽裡的寶藏❤

我有時會這麼想。

如果有死後的世界——那該是多麼幸運啊！

因為有第二次機會，一邊看D槽裡的收藏一邊享受人生。

若是用遊戲比喻，人生就是利用其他人交給你的底牌（遺傳基因），努力在閉上嘴、不抱怨、不抵抗的限制之下，盡情享受的遊戲。

一般來說，腦筋不好的也不會一夜之間變聰明，跑得慢的也快不了。

龍生龍鳳生鳳。

烏鴉窩裡不會出鳳凰。

瓜藤上也長不出茄子。

但即使沒那麼聰明也能找到勝利方程式，即使跑得慢也會得到幸福。

因此不管我的底牌如何，我都會享受整場遊戲。

實際上，雖然不知道能不能贏，但我會充分享受找到勝利方程式的過程。

死亡啊——在死亡的瞬間，靈魂會一下子脫離自己的身體吧？過去的電影或電視節目，會演出俯瞰自己屍體的場面；如果可以成真，我會很雀躍吧。

因為沒有人直接訪問過死者，所以不能確定是不是真的有死後的世界。

但如果真的有，是很幸運的。

對相信有死後的世界的人來說，「死亡」也就沒有那麼恐怖了吧。

D槽會一起去死後的世界嗎？

59

如果沒有死後的世界，
那個也是ＬＵＣＫＹ，
因為壞事跟Ｄ槽都不會曝光

我有時會這麼想。
如果沒有死後的世界，也很好。
因為壞事不會曝光，我的D槽也很安全。

跟大家說一個秘密，希望大家不要說出去。
如果有死後的世界，我沒有去天國的自信，我可能去不了天堂。
畢竟很多事情啊——我其實都做過。
或者應該說，到目前為止我做了很多比大家想像更糟糕的事。
光想到這些，不論從什麼角度來看，我鐵定是下地獄，而且得去地獄最深處。
雖然無法確定是真是假，耶穌基督曾說過這樣的話。
「駱駝穿過針頭比有錢人能去天國還簡單。」
哎、有錢人都不能保送天國了，怎麼想我都不可能去天國。
我真的幹了不少的壞事啊，到目前為止。

當然在這裡寫下來可以表示懺悔，說不定可以趁這個機會溜進天國，我不得不承認我有這個狡猾的預謀。

但我很壞，所以我不要相信有死後的世界。

老實說如果真的有死後的世界，那我就完蛋啦！

你是個可以期待天國的「好人」嗎？

60

優雅地回憶，
然後微笑

如果是我，我會在最後一分鐘把眼睛閉起來。

因為我想在最後的最後，在腦子裡想過去或現在的事，而非一直被迫接收視覺刺激。

如此一來，不需要花什麼力氣，自然而然就會因為想到什麼而微笑吧。

老實說，討厭的事情也很多。

不對，我更正一下這句話。

人生有九成以上都是討厭的事。這也討厭、那也討厭的狀況太多了。

不過幸好，還有一成左右（可能不到！）的微小幸福，才可以維持心臟和大腦的正常運作。

哎、人生。

真的、真的很辛苦。

雖然在最後一分鐘，討厭的事情還是討厭，但到了這種時候，也可以笑著說出來吧。

因為與此有關的人或許已經先死了，還活著的人之後也一定會死。

人生那麼辛苦，有那麼多可以笑的事情嗎？

當然沒有。

如果能有一成是幸運的，有那麼一點小小的幸福，那就謝天謝地了。

因為那是你打從心底感受到的幸福，保持現狀就好。

我已經決定好自己最後一分鐘的文章開頭。

「反正就是經歷過很多事情——」

反正就是經歷過很多事，但不管怎樣很快樂就是了。

反正都要死了，
討厭與否，
似乎也不重要了？

Part.7

如果一秒後，你的人生就結束了。

61

如果把地球的歷史當作二十四小時，
從耶穌基督誕生到現在，
人類的歷史還不到一秒

我在前面已經提過，如果把地球的歷史比喻為二十四小時，人類的歷史就不滿一分鐘。

偉大的耶穌誕生距今二千多年，還不滿一秒（準確一點說，連〇．〇四秒都不到）。

暫且把人的一生計算成八十年，再換成二十四小時，那麼這八十年比〇．〇〇一秒還少。

簡直就像是電光石火般，人生一瞬間就結束了，比眨眼的時間還短。

再怎麼哭天喊地也是電光石火。
再怎麼捧腹大笑也是電光石火。
再怎麼無惡不作也是電光石火。
完成再怎麼偉大的事業也是電光石火。
在此沒有議論的餘地。
地球終究會毀滅。

太陽終究會毀滅。
銀河系終究會毀滅。
宇宙終究會毀滅。

這樣的話，不論是你、我還是喜歡的人（討厭的人也是）也都會毀滅。

「人生有限」就是這麼回事，
喜歡或討厭，最後都會結束。

62

死亡這件事啊，
跟睡著沒兩樣

透過匯集多年經驗的老人醫學專門臨床醫師，針對死亡，我做出一個結論。

「所謂的死亡就是長眠。」

我們常常在虛構作品裡看到臨死之前痛苦掙扎的樣子，實際上不是這樣的。

不論是誰都是很快地、像睡著般死去。

即使吐血或是有其他激烈反應，真正去世當下不會感到痛苦。

身體會感覺到疼痛是表示還有救的證據。

身體會竭力大吼「想想辦法！」「我不是叫你想辦法嗎！」「有沒有在聽啊！」我們也會因此而感到劇痛。

然而，一旦身體進入準備邁向死亡的進程，當事人就不會感到疼痛，接下來就是舒適地、準備要去睡覺的感覺。

以下是我的假設。

希望大家輕鬆地看，不要感到沉重。
死亡的剎那——其實是非常舒服的。
雖然到目前為止睡很多了（一天二十四小時，人類有三分之一的時間都在睡呢）但這樣的快感是無與倫比的。
能夠這樣痛快地睡著，我已經沒有任何遺憾了。

可以無窮盡地睡下去，
想想就覺得真是太棒了吧？

63

活著就是活著，
去想死後的事沒什麼用

伊比鳩魯是我喜歡的哲學家之一。

蘇格拉底的學生是柏拉圖，柏拉圖的學生是亞里士多德——這是一個大家都很熟悉的系譜；而亞里士多德是相對於蘇格拉底，活躍於比較晚期的人物。

雖然他因享樂主義而名聞遐邇，但絕非推崇享受奢華。

當時流行的透過過度禁慾（甚至是強制性的）追求真理的做法，亞里士多德對此提出他的質疑。他提倡的是趨近現代、且保有最低限度文化的生活。

他是打從心底熱愛人類和生命的哲學家。

因此留下很多深受眾人愛戴，就連論戰對手感到折服的紀錄。

我喜歡他的理由不只這個。

他對死亡抱持的想法也深深讓我著迷。

「人在活著的時候不會死。死了之後人就不會存在這世上。也就是說不論是死還是活著，『死』對我們來說沒有任何關係，不必擔心。」

他認為「光想也沒辦法怎麼樣的事不要去想」。

人就是因為思考一大堆想了也沒用的事才會產生不安及煩惱。

那麼只要從根本切斷就可以了。

這和海德格的「接受死亡之後，人生才開始」的哲學沒有矛盾，甚至可說不謀而合。

因為唯有放下那些想了也沒用的事，才能接受死亡。

人啊，就是覺得人生是無限的，才會花時間去想那些根本沒辦法多做什麼的事。

64

尼采的「永劫回歸」非常浪漫

所謂的「永劫回歸」（Ewige Wiederkunft）是指同樣事情的反覆。

尼采提倡「永劫回歸」，總是循環同樣的事情就是人生。

他已經先告知「永劫回歸」是虛構的，被當作是為了超人思想的手段使用。

雖然尼采沒有具體定義「超人是這樣的喔」，但我想應該是「再怎麼空虛也不會氣餒，勇敢活下去的人」吧。

他也提到人生是空虛的。

為什麼人生是空虛的呢？

因為這個宇宙的本身是永恆循環，也就是同樣事情的反覆。

畢竟這世間所有的萬物都是由粒子形成。

不論是你、我、他，還是寵物狗、野生獅子，就連富士山、大海、地球、月亮，以及在夜空閃耀的所有恆星，終究都不過是粒子的組合。

這些粒子因互相衝撞、結合而產生萬物。

雖然不知散佈在宇宙的粒子的配列完全一致的瞬間，會在幾兆年後、幾京年後，或是幾兆乘方、幾京乘方時發生，我想一定會到來。

不論是宇宙、地球還是人類都是持續進行這個壯大且浪漫的虛構創作。

當你的腦神經元突觸處在相同的狀態時，也會反覆同樣的事情。

有什麼會比吃完的罐罐更空虛的……

65

親鸞的「他力本願」也是一種救贖

有很多人誤解「他力本願」的意思。

到目前為止，我碰到的人有八成是這麼解釋：「自己什麼事情都不做，光依賴別人」。

搞不好再過幾年這就是正確的解釋。

淨土真宗的開山始祖親鸞所說的「他力本願」，本來意思是這樣的——

「不管再怎麼努力，再怎麼修行，世間還是存在無法改變的壞人。有人是為了家庭不得不偷盜，也有人殺人是為了讓自己不被殺。

因為這些不得已的理由被歸類成壞人的人們該如何獲得救贖？

只要唸誦南無阿彌陀佛就可以了。也就是皈依南無。

因為靠自己的力量有極限，所以要交給阿彌陀佛。

也就是說——比起認為靠自己的力量、一定可以前往美好世界的善人，承認自己的極限，放低身段、謙虛地表示臣服的壞人，會比較容易前往極樂淨土。」

你覺得如何呢？
不過啊，確實不是每個人都會有這樣的困擾。
如果你已經活得很好，那麼只要保持現狀，順從自然的法則就可以了。

該求救的時候，
就求救吧！

66

康德最後說的話是「好喝！」

伊曼努爾・康德（Immanuel Kant）是一位和笛卡兒齊名的傑出哲學家。

主要是活躍在十八世紀的德國，並被稱為世紀的天才。

他終身貫徹單身，而且以自律著名，據說鄰居們只要看到他在散步就能知道正確的時間。

也有這樣的軼事，有一天因為他太過投入閱讀盧梭的《愛彌兒》（*Emile: ou De l'education*，教育界經典），結果錯過散步時間，沒看到康德，鄰居們便擔心著「那位老師是不是發生什麼事了……」。

他的偉業是重新分隔人類理性和知性的界限。

「人類得知什麼」

「人類該做什麼」

「人類可以期望什麼」

澈底思考這三大批判的書籍《純粹理性批判》（*Kritik der reinen Vernunft*），不論是淺顯的入門書還是漫畫都可以，建議大家至少看一次。

然而，雖然他嚴以律己，但同時也是個充滿愛的人。

他還留下《論永久和平》（***Zum ewigen Frieden***）這本被一次大戰後的國際聯盟當作經典的著作。

如此充滿智慧的康德，卻在晚年得到嚴重的失智症。

對理性有深度理解的他最後卻失去理性，實在是蠻諷刺的。

他最後說的話「**Es ist gut**」很多翻譯是「所有都算完美了」。

不過最後喝了加水稀釋的葡萄酒的他，真正要說的應該是「好喝！」

失智後的康德會想什麼？

67

瑪麗・安托瓦內特最後說的話是

「對不起，您知道我不是故意的」

雖然大多數人仍認為瑪麗・安托瓦內特（Marie Antoinette）是壞女人，但是我很喜歡她。

那是因為她到最後都還是貴族。

她那皇后的氣質沒有因為馬上要被處死而磨滅。

許多人笑著聚集只為看瑪麗被處死的熱鬧，這些群眾是醜陋的。

對比之下，瑪麗臨死的樣子是美麗的。

特別美麗。

歷史上對於瑪麗皇后褒貶不一（九〇%都是負評），最出名的還是「沒有麵包，怎麼不去吃蛋糕？」

然而，根據我大學課堂上聽到的說法，這句話實際上是收錄在尚—雅克盧梭（Jean-Jacques Rousseau）的《懺悔錄》（法文：*Les Confessions*，英文：*Confessions*）中，卻被引申成是出自瑪麗・安托瓦內特口中。

這是完全不對的，純屬捏造。

這是法國大革命中煽動大眾的手段之一。
她最後說的話是「對不起，您知道我不是故意的」。
沒錯。在千萬雙目光之下走向斷頭台的這個時候——
因為她踩到一位死刑執行人的腳。
就在這時候這句話從她嘴裡脫口而出。
我想即使想要模仿也模仿不起來吧。
不管善惡，我只是覺得她很美麗就是了。

與其說是勇氣，不如說，
是面對死亡的從容。

68

歌德的最後一句話是
「可以稍微打開窗戶，
讓陽光照進來嗎？」

歌德非常多情，據說曾經與孫輩的年輕女性交往並失戀過。

拿破崙是他的粉絲，據說就連前往戰場也會帶著《少年維特的煩惱》（*Die Leiden des jungen Werthers*）。

歌德雖以文豪著名，實際上也是法律專家和政治家。

而且還擔任過威瑪公國的宰相，社會地位非常崇高。

而且他還是自然科學家，曾對牛頓的學說提出異議。

如此才華洋溢的歌德，難怪拿破崙會被他吸引。

再怎麼樣的天才也逃不過死亡。

這是自然的法則，無法反抗。

擁有與生俱來各項天賦的歌德，在八十二歲壽終。而在他離世前約九年開始，便傾注所有的智慧給學生愛克曼，也因此留給我們人類偉大的智慧。

歌德也專注於光的研究，因此他的最後一句話是「可以稍微打開窗戶，讓陽光照進來嗎？」
不愧是真正的文豪。
說到這個，也有一位常把「這個世界是由愛和光形成」掛在嘴上的大富豪。
相對之下，歌德才是真正沐浴在愛與光裡的人物。

69

只剩下一秒了，去想你最愛的人

二十世紀代表性的哲學家海德格有位愛人。小他十七歲的漢娜・鄂蘭（Hannah Arendt）。在剛開始談戀愛的時候，海德格是大學教授，鄂蘭是學生。除了鄂蘭之外，海德格爾也有其他愛人，這是個非常受歡迎的男人。他強烈的領袖氣質是受歡迎的理由之一。

和不擅言談的老師胡賽爾（Edmund Husserl）不同，巧言如簧的海德格爾講課時的風采可說世無其匹，聽講的人無一不如癡如醉。

其中也有因為他謎樣獨特的話術，罹患精神病而自殺的女學生。

漢娜・鄂蘭就是陷入迷戀的女孩之一。

希望大家不要誤解，充滿魅力的她——並非只是一個被當作性愛對象遭玩弄的女性。

作為學者及政治思想家，她也留下卓越實績，像是《極權主義的起源》（*The*

Origins of Totalitarianism）、《人的條件》（*The Human Condition*）都很有名。但是出版於一九六三年的《平凡的邪惡：艾希曼耶路撒冷大審紀實》（*Eichmann in Jerusalem: A Report on the Banality of Evil*）直到現在仍持續影響人類歷史。

老實說，我私心覺得她比海德格還優秀。

聰明的她比海德格早半年過世，臨死之前一定想著他。

生命只剩下一秒了，
你會想著誰？

70

畢竟，生死無別啊

最後的結論，我認為「生」和「死」是一樣的。
所謂的「生」就是「死」，所謂的「死」就是「生」。
當然來，這樣的理論多少因人而異，不過普遍來說就是如此。

從開始孕育生命到呱呱墜地，據說要花「十個月十天」。
與此同時，在地球的某個地方，有人死亡，有人被遺忘。
而一個人死去，會讓親友持續認知到「啊，那個人已經不在了」的時間，剛剛好也是「十個月十天」。
同樣是十個月十天，有人出生、有人死亡、有人被遺忘。

這本書讀到這裡，相信你應該能夠理解，所謂的死亡是「讓路給下一個生命」這個自然的法則。
如果執意掙扎，下個生命就會被耽擱而無法循環。
不管有沒有意識到，我們每個人，所有的人，都是因為某個生命的消逝才能活到這個瞬間。

就連牛、豬、魚，還是稻米、小麥、豆子，都為了你一直奉獻生命。

因此要好好活著，也要好好走，不是嗎？

要好好活著，也要好好走。

不要對不起那些為
你奉獻的生命。

Pecunia 23

人生比你想的短

一該愛的愛，該恨的也不用假裝原諒。70 個快意無憾的生活指南
君が思うより人生は短い

作　　者／千田琢哉 Takuya Senda
譯　　者／林潔珏
社　　長／陳純純
總 編 輯／鄭　潔
主　　編／張維君　　特約編輯／蔡幗羚
封面設計／陳姿妤　　內文排版／造極彩色印刷製版股份有限公司

整合行銷經理／陳彥吟
業 務 部／何慶輝（mail：pollyho@elitebook.tw）

出版發行／出色文化出版事業群·好優文化
電話／ 02-8914-6405　　傳真／ 02-2910-7127
劃撥帳號／ 50197591　　劃撥戶名／好優文化出版有限公司
E-Mail ／ good@elitebook.tw
出色文化臉書／ https://www.facebook.com/goodpublish
地址／台灣新北市新店區寶興路 45 巷 6 弄 5 號 6 樓
法律顧問／六合法律事務所　李佩昌律師

印製／造極彩色印刷製版股份有限公司
書 號／ Pecunia23　　ISBN ／ 978-626-7216-64-4
初版一刷／ 2023 年 11 月
定價／新台幣 350 元